AF444546

* **Misión**: REDESCUBRIRNOS

* **Tripulante 1:**

* **Tripulante 2:**

* **Fecha despegue:**

VER JUNTOS
UN AMANECER.

HACERNOS UN RETRATO A LÁPIZ, ÓLEO, ACUARELA... EL UNO AL OTRO Y ENMARCARLOS, ¡SALGAN COMO SALGAN!

"Voy a tener poesía en mi vida. Y aventura. Y amor. Amor por encima de todo. El amor que derriba la vida, impetuoso, ingobernable como un motín en el corazón."

Shakespeare in love

IR AL AUTOCINE Y VER UNA PELÍCULA EN EL COCHE AL AIRE LIBRE.

"El amor se compone de una sola alma que habita en dos cuerpos."

Aristóteles

IR A CLASE DE BAILE JUNTOS Y APRENDER A ==BAILAR== EN PAREJA.

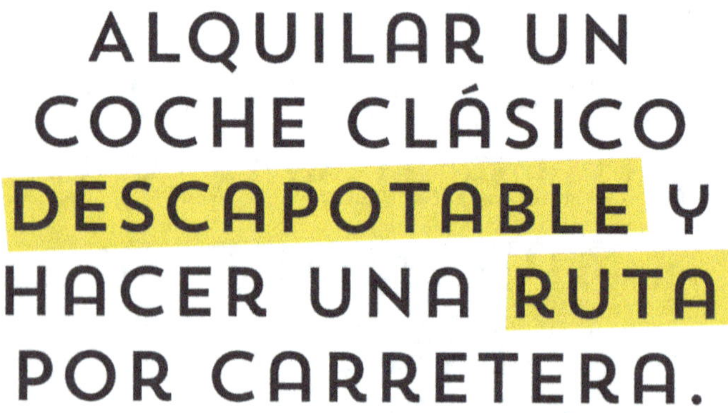

ALQUILAR UN
COCHE CLÁSICO
DESCAPOTABLE Y
HACER UNA RUTA
POR CARRETERA.

PASEAR EN BICI
JUNTOS POR LA
MAÑANA.

¿Qué es lo que más te gusta de nosotros como pareja?

PASAR UNA TARDE EN LA BOLERA.

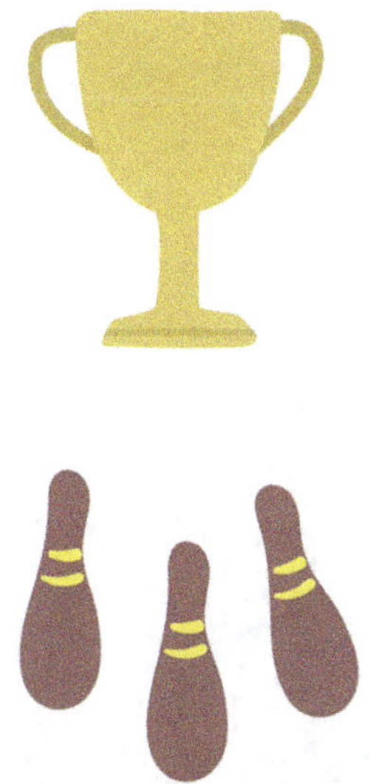

¿Qué fue lo primero que te atrajo de mí?

SORPRENDERNOS CON UNA CENA ROMÁNTICA HECHA EN CASA

" Cuando me toma entre sus brazos y me susurra muy bajito, veo la vida de color rosa."

Edith Piaf

TENER UNA CITA REPRESENTANDO UNOS PERSONAJES MUY DISTINTOS A NOSOTROS.

APUNTARNOS A UN CURSO EXPRÉS DE CATA DE VINO.

VESTIRNOS CON
ROPAS QUE NUNCA
NOS PONDRÍAMOS
Y **SALIR** POR
LA CIUDAD
A **DIVERTIRNOS.**

"Parece que todo lo que he hecho
en mi vida me ha llevado a ti."

Los puentes de Madison

SALIR A HACER FOTOS EL DÍA ENTERO

¿Cuáles crees que son los puntos fuertes de nuestra relación?

PASAR UN DÍA
EN EL CAMPO Y
SALIR DE LA
CIUDAD.

"Nací cuando ella me besó."

En un lugar solitario

IR DE FIESTA Y VOLVER A LAS TANTAS DE LA MADRUGADA.

CONTARNOS NUESTRAS **FANTASÍAS** SEXUALES NO CONFESADAS Y LLEVAR ALGUNA (¡O TODAS!) A CABO.

TUMBARNOS SOBRE EL CÉSPED MIENTRAS DISFRUTAMOS DEL **FIRMAMENTO** Y COMPARTIMOS UNA BOTELLA DE VINO Y UNA BUENA CONVERSACIÓN.

¿Cuáles son tus vacaciones ideales juntos?

APRENDER ALGO DE LOS HOBBYS O ACTIVIDADES QUE TE GUSTAN Y QUE TÚ APRENDAS DE LOS MÍOS.

¿Hay alguna canción
que cuando la escuchas
te recuerda a mí?

PREPARAR UNA NOCHE DE JUEGOS DE MESA O DE JUEGOS DE CARTAS.

ENSAYAR CADA UNO UNA ==CANCIÓN== PARA CANTÁRNOSLA REPRESENTÁNDOLA.

LEER EL MISMO **LIBRO** A LA VEZ.

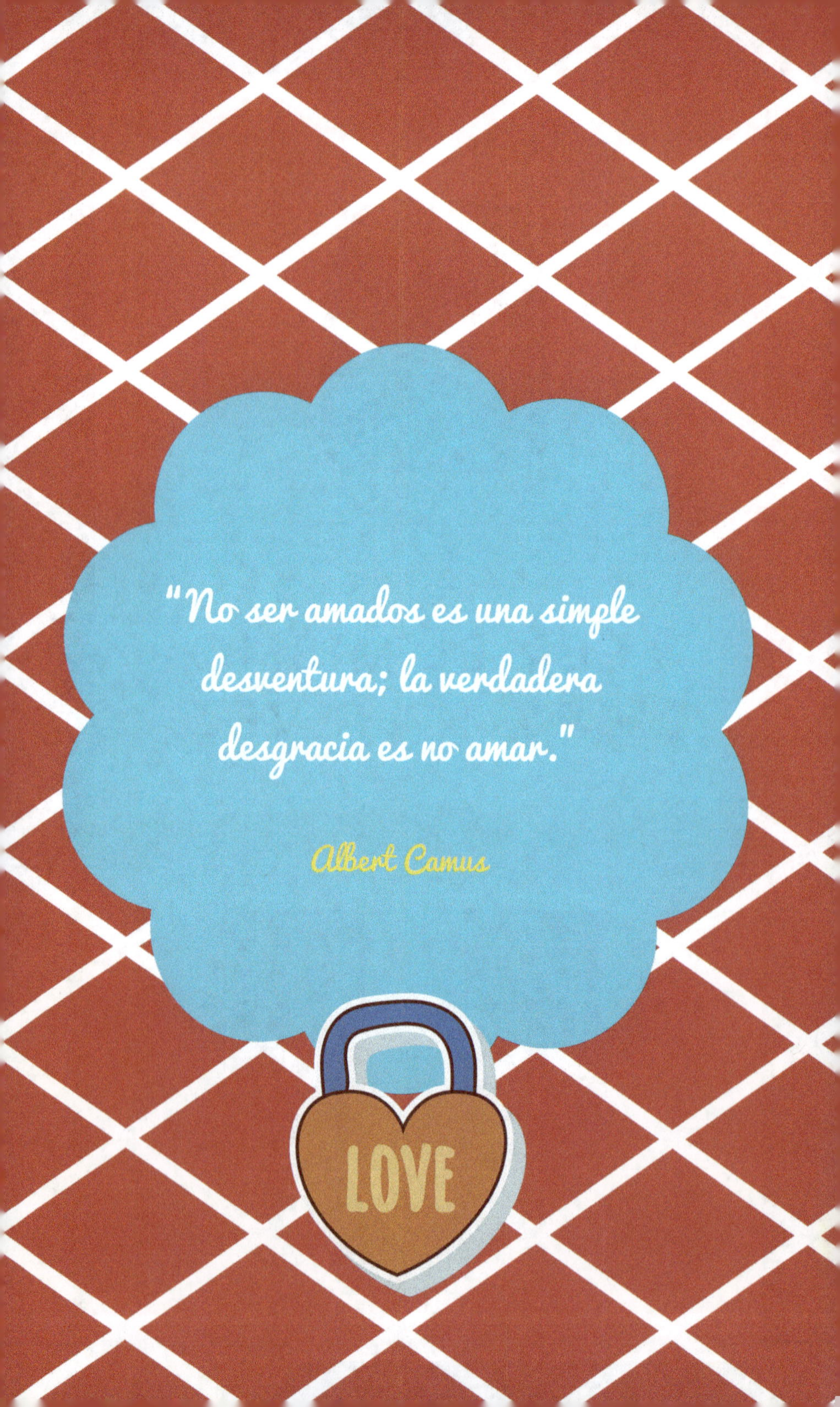
"No ser amados es una simple desventura; la verdadera desgracia es no amar."

Albert Camus

LOVE

PASAR UN FIN DE SEMANA DE ESQUÍ O SNOWBOARD O SIMPLEMENTE IR A LA NIEVE Y PASAR ALLÍ EL DÍA.

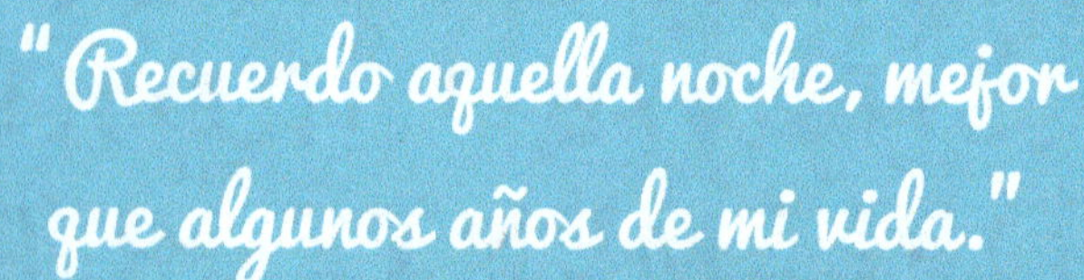

" Recuerdo aquella noche, mejor
que algunos años de mi vida."

Antes del amanecer

PREPARAR UNA NOCHE DE MASAJES ERÓTICOS O UN BUEN BAÑO CON ESPUMA Y VELAS.

"Amor es una palabra muy débil para describir lo que siento."

Annie Hall

IR UN DÍA A UN
PARQUE DE
ATRACCIONES Y
**DISFRUTAR
JUNTOS** SIN PRISA.

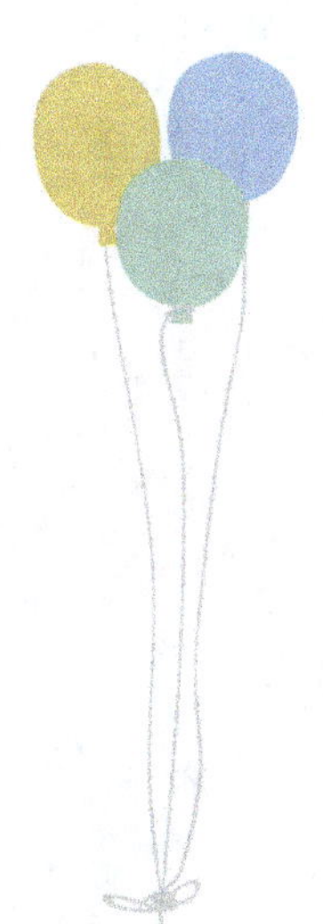

" He cruzado océanos de tiempo
para encontrarte. "

Drácula

MONTAR UN **PICNIC** Y DISFRUTAR JUNTOS DE UNA CÁLIDA TARDE DE VERANO.

"No me acuerdo de olvidarte."
Memento

IR A UNA **LIBRERÍA** Y ELEGIR UN LIBRO PARA TI Y QUE TÚ ELIJAS UN LIBRO PARA MÍ.

HACER UN TOUR POR LA CIUDAD PROBANDO DIFERENTES TIPOS DE CERVEZA.

PREPARAR UNA **FIESTA** PARA DOS, CON COPAS, MÚSICA Y BAILE EN CASA.

"Ven a dormir conmigo: no haremos el amor. Él nos hará."

Cortázar

APRENDER A
PREPARAR UN
PLATO QUE NOS
ENCANTE A
LOS DOS.

ESCRIBIRNOS UN **POEMA** Y LEÉRNOSLO EN VOZ ALTA.

IR A UN SEX SHOP Y COMPRAR COSAS NUEVAS PARA SALIR DE LA RUTINA.

"Nunca imaginé que pudiera ser así, nadie me había besado así antes."

De aquí a la eternidad

REDECORAR ALGUNA HABITACIÓN DE LA CASA JUNTOS.

¿Cuál es la parte de tu cuerpo que te gusta más?

COMER EN UN RESTAURANTE NUEVO EN LA CIUDAD O EN UNO ALTERNATIVO.

¿Cuándo supiste que
esta relación podía
ser algo especial?

RECORDAR CÓMO NOS CONOCIMOS Y **REVIVIR** AQUELLA ÉPOCA VISITANDO LOS LUGARES DONDE TUVIMOS LAS PRIMERAS CITAS

Descríbeme en
tres palabras

HACER UNA
SESIÓN DE FOTOS
ENTRE NOSOTROS
Y LUEGO IMPRIMIR
LAS MEJORES.

Si pudieras volver atrás en el tiempo ¿qué momento te gustaría revivir juntos?

IR A UN HOTEL CERCANO, OLVIDARNOS DEL MUNDO Y TENER SEXO SIN PREOCUPACIONES

¿Qué es lo más raro de mí que te encanta?

ORGANIZAR UN CONCURSO DE **TAPAS** CON OTRAS PAREJAS PARA VOTAR DESPUÉS CUÁL ES LA GANADORA.

¿Cuál es el mejor recuerdo mío que tienes hasta ahora?

IR AL TEATRO O A ESE MUSICAL AL QUE SIEMPRE HEMOS QUERIDO IR.

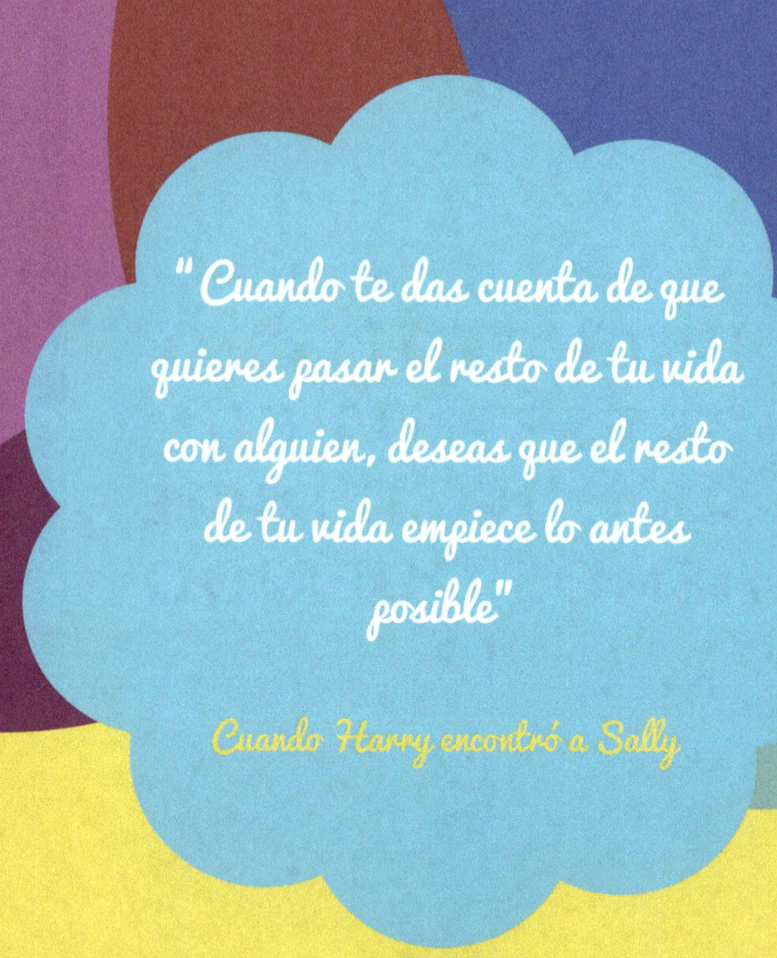

"Cuando te das cuenta de que quieres pasar el resto de tu vida con alguien, deseas que el resto de tu vida empiece lo antes posible"

Cuando Harry encontró a Sally

SER **TURISTAS** EN NUESTRA PROPIA CIUDAD Y **DESCUBRIR** MUSEOS CON ESCULTURAS Y PINTURAS QUE NUNCA HEMOS VISTO.

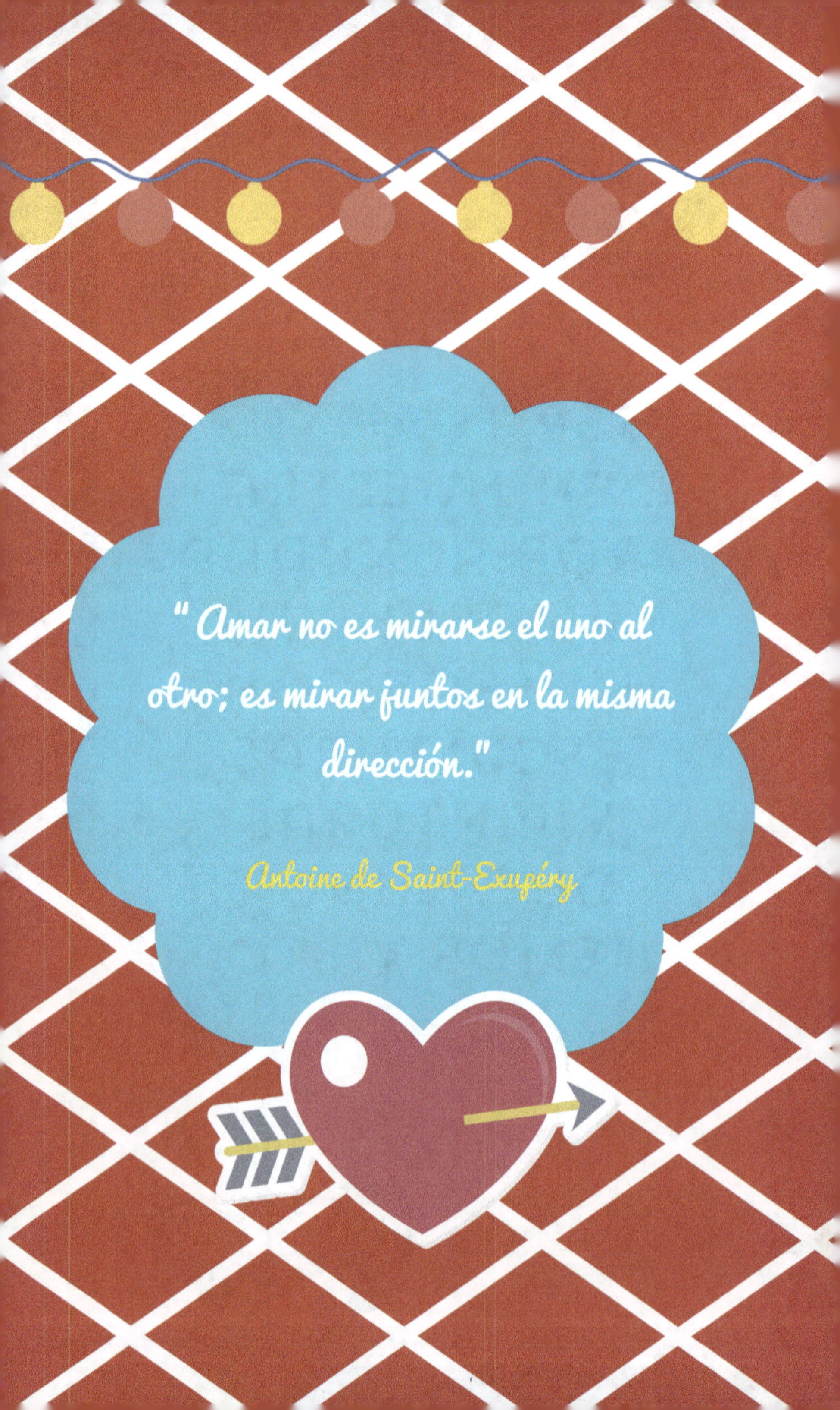
"Amar no es mirarse el uno al otro; es mirar juntos en la misma dirección."

Antoine de Saint-Exupéry

PASAR UN DÍA PLANIFICANDO LOS **VIAJES** QUE NOS GUSTARÍA HACER JUNTOS.

"No hay montaña suficientemente alta, ni valle suficientemente profundo, ni río suficientemente ancho que me impida llegar hasta ti."

Marvin Gaye

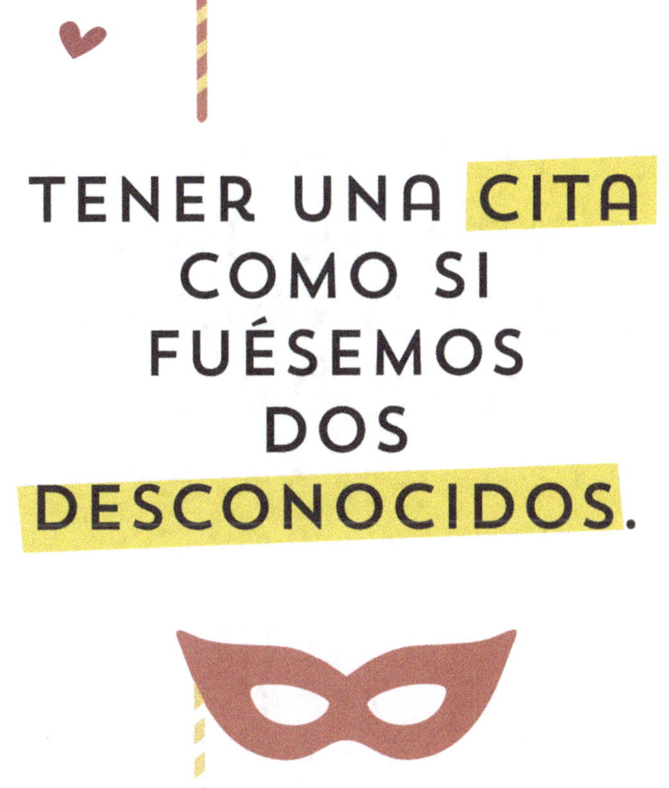

TENER UNA CITA
COMO SI
FUÉSEMOS
DOS
DESCONOCIDOS.

VISITAR UN BARRIO DE NUESTRA CIUDAD QUE NO CONOZCAMOS

¡NO DEJÉIS DE VOLAR!